培養口說能力的日語教科書

こんにちは
你好 **①** 課本

U0066669

國中小學
高中職　　適用的第二外語教材
社區大學

東吳大學日文系
陳淑娟教授　著

給同學們的話

親愛的同學們：

　　歡迎來到日語教室！會說日語，能交個日本朋友，自己能用日語上網，是不是很酷呢？對的！這就是我們共同的目標！啟用這本新書，好好跟著老師學習，並在教室中與同學們一起用日語進行各式各樣的活動，那麼一個學期就可以達成目標了！

　　首先，請仔細瞧瞧，每一課都有「學習目標」與「自我評量」，上課前同學們先看看「學習目標」，就知道這一課到底要學什麼了。而上完了一課，大家要誠實地做做「自我評量」喔，也就是為自己打個分數，累積越多 5 顆星（滿分），那麼你就能越快達成目標了！萬一，有些項目未達 5 顆星，沒關係，可以自己再練習，或課後找同伴互動練習，直到滿分為止。

　　在這一冊裡，我們將學會用日語打招呼、日本姊妹校來訪時能自我介紹、能用簡單的日語說我喜歡的食物和我的興趣，而且能數數字、買東西詢問多少錢、用日語說時間、問不同時差國家的朋友現在幾點鐘、能用簡單日語表達自己的感覺等。

　　但是，同學們在課堂中一定要跟著做各種互動的遊戲活動，才能越說越熟練。而且如果每天聽音檔跟著唸，發音就能跟日本人一模一樣了；寫作業時，一邊寫一邊唸出聲音來，也能很快就記住 50 音了，相信半年後，你就是一個日語高手，同學們！加油囉！

陸承娟 敬言

2018.07.23.

目次

如何掃描 QR Code 下載音檔

1. 以手機內建的相機或是掃描 QR Code 的 App 掃描封面的 QR Code。
2. 點選「雲端硬碟」的連結之後，進入音檔清單畫面，接著點選畫面右上角的「三個點」。
3. 點選「新增至「已加星號」專區」一欄，星星即會變成黃色或黑色，代表加入成功。
4. 開啟電腦，打開您的「雲端硬碟」網頁，點選左側欄位的「已加星號」。
5. 選擇該音檔資料夾，點滑鼠右鍵，選擇「下載」，即可將音檔存入電腦。

カナと発音
はつおん

 學習目標

1. 能聽辨字母。
2. 能懂教室用語。

- **聞いてみよう**
き
  ① 聽教室用語
  ② 聽 50 音

- **ひらがな**

- **語句と表現**
ご く ひょうげん

- **やってみよう**
  ① 排排看日語的發音
  ② 排排看日語 50 音
  ③ 選擇正確答案

- **遊んでみよう**
あそ
  誰先賓果

- **ポートフォリオにいれよう**

聞_きいてみよう 🔊 01

聽聽看

1.

学級委員_{がっきゅういいん}：起立_{きりつ}、礼_{れい}。

生徒_{せいと}：おはようございます。

先生_{せんせい}：おはようございます。

学級委員_{がっきゅういいん}：着席_{ちゃくせき}。

2.

(1) 本_{ほん}を開_あけてください。　　請翻開書。

(2) 本_{ほん}を見_みてください。　　　請看書。

(3) 聞_きいてください。　　　　請聽。

(4) 言_いってください。　　　　請說一下。

(5) 読_よんでください。　　　　請讀看看。

ひらがな

清音
せいおん

あ	い	う	え	お
a	i	u	e	o
か	き	く	け	こ
ka	ki	ku	ke	ko
さ	し	す	せ	そ
sa	shi	su	se	so
た	ち	つ	て	と
ta	chi	tsu	te	to
な	に	ぬ	ね	の
na	ni	nu	ne	no
は	ひ	ふ	へ	ほ
ha	hi	fu	he	ho
ま	み	む	め	も
ma	mi	mu	me	mo
や		ゆ		よ
ya		yu		yo
ら	り	る	れ	ろ
ra	ri	ru	re	ro
わ				を
wa				wo
ん				
n				

濁音

だくおん

が	ぎ	ぐ	げ	ご
ga	gi	gu	ge	go
ざ	じ	ず	ぜ	ぞ
za	ji	zu	ze	zo
だ	ぢ	づ	で	ど
da	ji	zu	de	do
ば	び	ぶ	べ	ぼ
ba	bi	bu	be	bo

半濁音

はんだくおん

ぱ	ぴ	ぷ	ぺ	ぽ
pa	pi	pu	pe	po

拗音

ようおん

きゃ	きゅ	きょ		ぎゃ	ぎゅ	ぎょ
kya	kyu	kyo		gya	gyu	gyo
しゃ	しゅ	しょ		じゃ	じゅ	じょ
sha	shu	sho		ja	ju	jo
ちゃ	ちゅ	ちょ		びゃ	びゅ	びょ
cha	chu	cho		bya	byu	byo
にゃ	にゅ	にょ		ぴゃ	ぴゅ	ぴょ
nya	nyu	nyo		pya	pyu	pyo
ひゃ	ひゅ	ひょ				
hya	hyu	hyo				
みゃ	みゅ	みょ				
mya	myu	myo				
りゃ	りゅ	りょ				
rya	ryu	ryo				

語句と表現

1. 起立、礼。　　　　　　kiritsu, rei.

2. 着席。　　　　　　　　chakuseki.

3. おはようございます。　ohayoo gozaimasu.

4. 開けてください。　　　akete kudasai.

5. 見てください。　　　　mite kudasai.

6. 聞いてください。　　　kiite kudasai.

7. 言ってください。　　　itte kudasai.

8. 読んでください。　　　yonde kudasai.

9. 朝　　　　　　　　　　asa

10. 昼　　　　　　　　　　hiru

11. 夜　　　　　　　　　　yoru

12. 犬　　　　　　　　　　inu

13. 猫　　　　　　　　　　neko

14. 鳥　　　　　　　　　　tori

 やってみよう 🔊 04

① 排排看日語的發音

　　聽聲音並把英文字母卡按 50 音的羅馬拼音排好。

② 排排看日語 50 音

　　聽聲音並排出 50 音的日文字母卡。

③ 選擇正確答案

① のさ	① ひる	① よろ
② あさ	② みる	② よみ
③ おさ	③ まる	③ よる

① いぬ	① のこ	① おり
② いね	② ねこ	② こり
③ いの	③ むこ	③ とり

遊んでみよう

誰先賓果

1. 請在格子內任意寫出 16 個字母。

2. 聽老師唸出的字母圈選，看誰先賓果。

ポートフォリオにいれよう

聽音檔，連連看

1. きいてください。　・

2. よんでください。　・

3. おはようございます。　・

4. きりつ、れい。　・

5. ちゃくせき。　・

ポートフォリオにいれよう

自我評量：

① 我能聽辨字母。
☆ ☆ ☆ ☆ ☆

② 我能聽懂教室用語。
☆ ☆ ☆ ☆ ☆

Note

Unit 2　あいさつ

學習目標

1. 在各種情境中能說出並回應適當的招呼語。
2. 能用簡單的招呼語向老師和同學打招呼。
3. 樂於參與各種課堂練習。

- 聞^きいてみよう
- 語句^{ご く}と表現^{ひょうげん}
- やってみよう

  說說看
- 遊^{あそ}んでみよう

  ① 看圖說說看

  ② 傳球高手
- ポートフォリオにいれよう

聞いてみよう

聽聽看

1.

2.

3.

4.

1. こんにちは。 konnichiwa.

2. おはよう。 ohayoo.

3. こんばんは。 konbanwa.

4. ありがとう。 arigatoo.

5. すみません。 sumimasen.

6. さようなら。 sayoonara.

7. はい。 hai.

8. いいえ。 iie.

9. 感謝 kansha

10. あやまり ayamari

11. 別れ wakare

やってみよう

説説看

<ruby>朝<rt>あさ</rt></ruby>

<ruby>昼<rt>ひる</rt></ruby>

<ruby>夜<rt>よる</rt></ruby>

感謝

あやまり

別れ

遊んでみよう

① 看圖說說看

② 傳球高手

ポートフォリオにいれよう

聽音檔，連連看

先寫出音檔內容 1、2、3 順序，再試著連接適當的圖片。

例

（　　）こんにちは。　　・

（　　）おはよう。　　・

（　　）こんばんは。　　・

（　　）ありがとう。　　・

（　　）すみません。　　・

（　　）さようなら。　　・

ポートフォリオにいれよう

自我評量：

❶ 我能用日語向老師、朋友打招呼。
☆ ☆ ☆ ☆ ☆

❷ 別人用簡單日語打招呼時，我能聽懂並回應。
☆ ☆ ☆ ☆ ☆

❸ 我能唸出打招呼的單字。
☆ ☆ ☆ ☆ ☆

❹ 我能寫出打招呼的單字。
☆ ☆ ☆ ☆ ☆

Note

自己紹介
じ こ しょうかい

學習目標

1. 能用日語簡單自我介紹。

2. 能說出自己的姓名，並詢問他人姓名。

3. 樂於參與各種課堂練習。

- **聞いてみよう**
  き

- **語句と表現**
  ご く　　　ひょうげん

- **やってみよう**
  ① 用日文名字自我介紹
  ② 交換名片

- **遊んでみよう**
  あそ
  傳球自我介紹

- **ポートフォリオにいれよう**

聞^きいてみよう

聽聽看

1.

2.

3.

4.

1. 陳です。　　　　　　　　　　　chin desu.

2. どうぞよろしく。　　　　　　　　doozo yoroshiku.

3. お願いします。　　　　　　　　　onegai shimasu.

4. 初めまして。　　　　　　　　　　hajimemashite.

5. さくらと呼んでください。　　　　sakura to yonde kudasai.

6. あのー。　　　　　　　　　　　　anoo.

7. お名前は。　　　　　　　　　　　onamaewa.

やってみよう

① 用日文名字自我介紹

男	女
ひろき	あや
まこと	さやか
ゆうすけ	ゆい
つよし	ゆき
なおき	なつみ
たかし	あおい
あきら	まい
さとし	りか
あゆむ	ゆり
こうた	ちひろ

② 交換名片

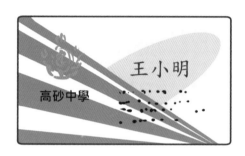

遊んでみよう

傳球自我介紹

ポートフォリオにいれよう

自我評量：

① 我能用日語簡單自我介紹。

☆ ☆ ☆ ☆ ☆

② 我能說出自己的名字，並詢問他人名字。

☆ ☆ ☆ ☆ ☆

③ 我能積極參與各種學習活動。

☆ ☆ ☆ ☆ ☆

④ 我能用日文寫出自己名字。

☆ ☆ ☆ ☆ ☆

Note

Unit 4　食<ruby>た<rt></rt></ruby>べ物<ruby>もの<rt></rt></ruby>

學習目標

1. 能說出自己喜歡吃的食物。

2. 能詢問別人喜歡的食物。

3. 樂於參與各種課堂練習。

- 聞<ruby>き<rt></rt></ruby>いてみよう

- カタカナ

- 語<ruby>ご<rt></rt></ruby>句<ruby>く<rt></rt></ruby>と表<ruby>ひょうげん<rt></rt></ruby>現

- やってみよう

  ① 我喜歡的食物

  ② 家人喜愛的食物

  ③ 調查班上同學喜歡的食物與老師一不一樣

- 遊<ruby>あそ<rt></rt></ruby>んでみよう

  ① 猜猜看我最喜歡的是什麼

  ② 大風吹

- ポートフォリオにいれよう

聞いてみよう

き

🔊 12

聽聽看

1.

聽聽看

2.

3.

4.

カタカナ

清音
せいおん

ア	イ	ウ	エ	オ
a	i	u	e	o
カ	キ	ク	ケ	コ
ka	ki	ku	ke	ko
サ	シ	ス	セ	ソ
sa	shi	su	se	so
タ	チ	ツ	テ	ト
ta	chi	tsu	te	to
ナ	ニ	ヌ	ネ	ノ
na	ni	nu	ne	no
ハ	ヒ	フ	ヘ	ホ
ha	hi	fu	he	ho
マ	ミ	ム	メ	モ
ma	mi	mu	me	mo
ヤ		ユ		ヨ
ya		yu		yo
ラ	リ	ル	レ	ロ
ra	ri	ru	re	ro
ワ				ヲ
wa				wo
ン				
n				

濁音
だくおん

ガ	ギ	グ	ゲ	ゴ
ga	gi	gu	ge	go
ザ	ジ	ズ	ゼ	ゾ
za	ji	zu	ze	zo
ダ	ヂ	ヅ	デ	ド
da	ji	zu	de	do
バ	ビ	ブ	ベ	ボ
ba	bi	bu	be	bo

半濁音
はんだくおん

パ	ピ	プ	ペ	ポ
pa	pi	pu	pe	po

拗音
ようおん

キャ	キュ	キョ		ギャ	ギュ	ギョ
kya	kyu	kyo		gya	gyu	gyo
シャ	シュ	ショ		ジャ	ジュ	ジョ
sha	shu	sho		ja	ju	jo
チャ	チュ	チョ		ビャ	ビュ	ビョ
cha	chu	cho		bya	byu	byo
ニャ	ニュ	ニョ		ピャ	ピュ	ピョ
nya	nyu	nyo		pya	pyu	pyo
ヒャ	ヒュ	ヒョ				
hya	hyu	hyo				
ミャ	ミュ	ミョ				
mya	myu	myo				
リャ	リュ	リョ				
rya	ryu	ryo				

1. ラーメンが好きです。   raamen ga sukidesu.

2. すしが大好きです。   sushi ga daisukidesu.

3. かつ丼が好きじゃないです。 katsudon ga sukijanaidesu.

4. まあまあ。   maamaa.

5. ラーメン   raamen

6. ハンバーガー   hanbaagaa

7. サンドイッチ   sandoicchi

8. アイスクリーム   aisukuriimu

9. チョコレート   chokoreeto

10. コーラ   koora

11. ミルクティー   mirukutii

12. カレー   karee

13. パン   pan

14. ポテト   poteto

15. すし   sushi

16. かつ丼   katsudon

17. うどん   udon

18. そば   soba

19. 抹茶   maccha
　　(まっちゃ)

20. りんご   ringo

21. 野菜   yasai
　　(やさい)

22. 肉   niku
　　(にく)

やってみよう  🔊14

① 我喜歡的食物

② 家人喜愛的食物

例）お父さん（父）　　　　　　　　　　りんご

1. お母さん（母）　　　　　　　　　　_____

2. お兄さん／弟さん（兄／弟）　　　　_____

3. お姉さん／妹さん（姉／妹）　　　　_____

4. _____　　　_____

5. _____　　　_____

遊んでみよう

① 猜猜看我最喜歡的是什麼

② 大風吹

ポートフォリオにいれよう

自我評量：

1 我能說出自己喜歡的食物。

☆ ☆ ☆ ☆ ☆

2 我能詢問他人喜歡的食物。

☆ ☆ ☆ ☆ ☆

3 我能積極參與各種學習活動。

☆ ☆ ☆ ☆ ☆

4 我能唸出課本上「語句」中的單字。

☆ ☆ ☆ ☆ ☆

5 我能寫出課本上「語句」中的單字。

☆ ☆ ☆ ☆ ☆

しゅ み
趣味

學習目標

1. 能詢問對方喜歡什麼活動或物品。

2. 能以簡單的日語回答喜歡的活動或物品。

3. 樂於參與各種課堂練習。

- 聞_きいてみよう

- 語_ご句_くと表_{ひょうげん}現

- やってみよう

    找尋夥伴

- 遊_{あそ}んでみよう

    ① 賓果訪查

    ② 傳聲筒

- ポートフォリオにいれよう

聞いてみよう

聽聽看，請依順序選出正確的圖

1.

聽聽看

2.

3.

4.

1. アニメ   anime

2. マンガ   manga

3. ゲーム   geemu

4. インターネット   intaanetto

5. ダンス   dansu

6. ドラマ   dorama

7. カラオケ   karaoke

8. バスケ   basuke

9. イラスト   irasuto

10. 映画   eiga

11. 歌   uta

12. 本   hon

13. 野球   yakyuu

14. 水泳   suiei

15. 遊ぶこと   asobukoto

やってみよう 🔊⑰

找尋夥伴

例　A：何が好きですか。

B：音楽が好きです。

A：そうですか。私も好きです。

B：Aさんは何が好きですか。

A：マンガが好きです。

B：アニメが好きですか。

A：いいえ。アニメはちょっと……。

遊んでみよう

① 賓果訪査

例 何が好きですか。

私は_____が好きです。

名字：	名字：	名字：
名字：	名字：	名字：
名字：	名字：	名字：

② 傳聲筒

ポートフォリオにいれよう

自我評量：

1 我能詢問對方喜歡什麼活動、物品。

☆ ☆ ☆ ☆ ☆

2 我能以簡單的日語回答喜歡的活動、物品。

☆ ☆ ☆ ☆ ☆

3 我能積極參與各種學習活動。

☆ ☆ ☆ ☆ ☆

4 我能唸出課本上「語句」中的單字。

☆ ☆ ☆ ☆ ☆

5 我能寫出課本上「語句」中的單字。

☆ ☆ ☆ ☆ ☆

Note

いくらですか

學習目標

1. 能說出正確的數字。

2. 買東西時能詢問價錢，與說出價錢。

3. 樂於參與各種課堂練習。

- 聞いてみよう

- 語句と表現

- やってみよう
  ① 介紹台灣的商品
  ② 請問多少錢
  ③ 買東西

- 遊んでみよう
  ① 排數字比賽
  ② 跳格子

- ポートフォリオにいれよう

聞いてみよう 18

聽聽看，請依順序選出正確的圖

1.

聽聽看

2.

3.

4.

語句と表現

1. <u>これは</u>　いくらですか？　　korewa ikura desuka?

2. 数字　　　　　　　　　　　suuji

   1　　　　　　　　　　　　　ichi

   2　　　　　　　　　　　　　ni

   3　　　　　　　　　　　　　san

   4・4・4　　　　　　　　　yon・shi・yo

   5　　　　　　　　　　　　　go

   6　　　　　　　　　　　　　roku

   7・7　　　　　　　　　　　nana・shichi

   8　　　　　　　　　　　　　hachi

   9・9　　　　　　　　　　　kyuu・ku

   10　　　　　　　　　　　　juu

   100　　　　　　　　　　　　hyaku

   1000　　　　　　　　　　　sen

   1 0000　　　　　　　　　　ichiman

3. 円 （えん）   en

4. 元 （げん）   gen

5. 無料 （むりょう）   muryoo

6. パイナップルケーキ   painappurukeeki

7. 高い （たか）   takai

8. 安い （やす）   yasui

9. かわいい   kawaii

10. かっこいい   kakkoii

やってみよう　 ⑳

① 介紹台灣的商品

例　私_{わたし}はパイナップルケーキが好_すきです。

台湾元_{たいわんげん}で ４０元_{よんじゅう げん}です。日本円_{に ほんえん}で １５０円_{ひゃくごじゅう えん}です。

② 請問多少錢

③ 買東西

　　店員：いらっしゃいませ。

お客さん：これはいくらですか。

　　店員：３００円です。

お客さん：これ、ください。

　　店員：おつりは ７００円です。ありがとうございました。

　　店員：いらっしゃいませ。

お客さん：これはいくらですか。

　　店員：９００円です。

お客さん：うーん。やっぱりいいです。

　　店員：ありがとうございました。

遊んでみよう

① 排數字比賽

② 跳格子

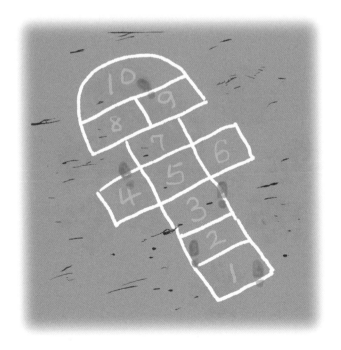

 ポートフォリオにいれよう

自我評量：

1 我能說出正確的數字。
. . . .
☆ ☆ ☆ ☆ ☆

2 我買東西時能詢問價錢，並說出價錢。
. . . .
☆ ☆ ☆ ☆ ☆

3 我能積極參與各種學習活動。
. . . .
☆ ☆ ☆ ☆ ☆

4 我能唸出課本上「語句」中的單字。
. . . .
☆ ☆ ☆ ☆ ☆

5 我能寫出課本上「語句」中的單字。
. . . .
☆ ☆ ☆ ☆ ☆

Note

なん じ
何時ですか

學習目標

1. 能詢問並說出正確時間。
2. 能利用電話問對方時間。
3. 樂於參與各種課堂練習。

- き
- **聞いてみよう**

- ご く　ひょうげん
- **語句と表現**

- **やってみよう**
  - ① 現在幾點
  - ② 完成電視節目表

- あそ
- **遊んでみよう**
  - ① 現在幾點鐘
  - ② 好友熱線

- **ポートフォリオにいれよう**

聞^きいてみよう 🔊 ㉑

聽聽看

1.

2.

3.

語句と表現

1. 何時ですか。   nanji desuka.

2. 台湾   taiwan

3. 日本   nihon

4. 韓国   kankoku

5. ドイツ   doitsu

6. フランス   furansu

7. アメリカ   amerika

8. ニューヨーク   nyuuyooku

9. カナダ   kanada

10. シンガポール   shingapooru

11. ベトナム   betonamu

12. インドネシア   indoneshia

13. オーストラリア   oosutoraria

14. タイ   tai

15. フィリピン   firipin

16. イギリス   igirisu

17. 半   han

18. 7時   shichiji

19. 9時   kuji

20. 午前   gozen

21. 午後   gogo

やってみよう 🔊23

① 現在幾點

例 A：<ruby>何時<rt>なんじ</rt></ruby>ですか。

B：<ruby>1<rt>いち</rt></ruby><ruby>時<rt>じ</rt></ruby>です。

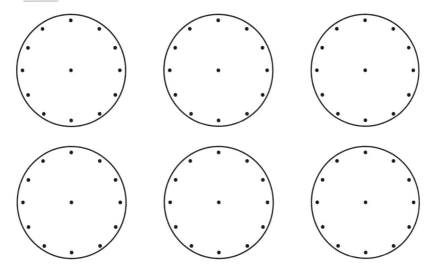

② 完成電視節目表

例 A：<ruby>フランスの映画<rt>えいが</rt></ruby>は<ruby>何時<rt>なんじ</rt></ruby>ですか。

B：<ruby>3<rt>さん</rt></ruby><ruby>時<rt>じ</rt></ruby>です。

遊んでみよう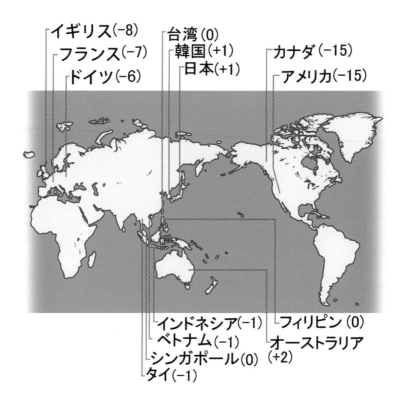

① 現在幾點鐘

イギリス(-8)
フランス(-7)
ドイツ(-6)
台湾(0)
韓国(+1)
日本(+1)
カナダ(-15)
アメリカ(-15)

インドネシア(-1)
ベトナム(-1)
シンガポール(0)
タイ(-1)
フィリピン (0)
オーストラリア (+2)

② 好友熱線

台灣的 A 同學：もしもし、台湾<ruby>台湾<rt>たいわん</rt></ruby>の A です。台湾<ruby>台湾<rt>たいわん</rt></ruby>は今<ruby>今<rt>いま</rt></ruby>、朝<ruby>朝<rt>あさ</rt></ruby>の 9 時<ruby>時<rt>くじ</rt></ruby>です。

　　　　　　　　ニューヨークの B さん、そちらは今何時<ruby>今何時<rt>いまなんじ</rt></ruby>ですか。

美國紐約的 B 同學：午後<ruby>午後<rt>ごご</rt></ruby> 8 時<ruby>時<rt>はちじ</rt></ruby>です。

美國紐約的 B 同學：もしもし、ニューヨークの B です。日本<ruby>日本<rt>にほん</rt></ruby>の C さん、

　　　　　　　　そちらは今何時<ruby>今何時<rt>いまなんじ</rt></ruby>ですか。

日本的 C 同學：日本<ruby>日本<rt>にほん</rt></ruby>の C です。こちらは午前<ruby>午前<rt>ごぜん</rt></ruby> 10 時<ruby>時<rt>じゅうじ</rt></ruby>です。

ポートフォリオにいれよう

自我評量：

❶ 我能詢問並說出正確的時間。

　　　　　　　　　　☆ ☆ ☆ ☆ ☆

❷ 我能利用電話問他人所在地的時間。

　　　　　　　　　　☆ ☆ ☆ ☆ ☆

❸ 我能用日語說出本課提到的國家名稱。

　　　　　　　　　　☆ ☆ ☆ ☆ ☆

❹ 我能積極參與各種學習活動。

　　　　　　　　　　☆ ☆ ☆ ☆ ☆

❺ 我能唸出課本上「語句」中的單字。

　　　　　　　　　　☆ ☆ ☆ ☆ ☆

❻ 我能寫出課本上「語句」中的單字。

　　　　　　　　　　☆ ☆ ☆ ☆ ☆

 Note

Unit 8 どうですか

學習目標

1. 能簡單表達自己的感覺。
2. 樂於參與各種課堂練習。

- 聞いてみよう
- 語句と表現
- やってみよう
  日本料理東西軍
- 遊んでみよう
  ① 今日之最
  ② 超級比一比
- ポートフォリオにいれよう

 聞^きいてみよう

聽聽看

1.

2.

3.

4.

語句と表現 🔊 ㉖

1.	どうですか。	doodesuka.
2.	おいしい	oishii
3.	うまい	umai
4.	きれい	kirei
5.	すてき	suteki
6.	すごい	sugoi
7.	大きい	ookii
8.	小さい	chiisai
9.	高い	takai
10.	低い	hikui
11.	こわい	kowai
12.	おもしろい	omoshiroi
13.	つまらない	tsumaranai

やってみよう

日本料理東西軍

食物名稱	價格	感覺
かつ丼（どん）	1000 円（せんえん）	おいしい

 遊<ruby>遊<rt>あそ</rt></ruby>んでみよう

① 今日之最

偶像或卡通人物名稱	我的感覺
ナルト	かっこいい、おもしろい

② 超級比一比

ポートフォリオにいれよう

自我評量：

1 我能簡單表達自己的感覺。
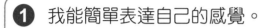
☆ ☆ ☆ ☆ ☆

2 我能積極參與各種學習活動。
☆ ☆ ☆ ☆ ☆

3 我能唸出課本上「語句」中的單字。

☆ ☆ ☆ ☆ ☆

4 我能寫出課本上「語句」中的單字。

☆ ☆ ☆ ☆ ☆

附錄

1. 學習單：Unit 2「やってみよう」

   說說看

2. 學習單：Unit 4「やってみよう」

   活動三：「調查班上同學喜歡的食物與老師一不
            一樣」

3. 學習單：Unit 6「やってみよう」

   活動二：「請問多少錢」

4. 圖卡

   ① 五十音字卡

   ② 英文字母卡

   ③ Unit 6「やってみよう」

      活動三：「買東西：日圓硬幣」

食べ物

ラーメン		

Note

國家圖書館出版品預行編目資料

こんにちは 你好 ① 課本＋練習冊 / 陳淑娟著
-- 初版 -- 臺北市：瑞蘭國際, 2018.08
136面；19×26公分 --（日語學習系列；35）
ISBN：978-986-96580-6-5（第1冊：平裝）
1.日語 2.教材 3.中小學教育
523.318   107012724

日語學習系列 35

こんにちは 你好 ① 課本＋練習冊

作者｜陳淑娟
編撰小組｜周欣佳、廖育卿、黃馨瑤、內田さくら、芝田沙代子、彥坂はるの
責任編輯｜葉仲芸、楊嘉怡
校對｜陳淑娟、廖育卿、彥坂はるの、葉仲芸、楊嘉怡

日語錄音｜後藤晃、彥坂はるの、芝田沙代子
錄音室｜采漾錄音製作有限公司
封面設計｜陳盈、余佳憓・版型設計、內文排版｜陳如琪
美術插畫｜吳晨華

瑞蘭國際出版
董事長｜張暖彗・社長兼總編輯｜王愿琦
編輯部
副總編輯｜葉仲芸・主編｜潘治婷
設計部主任｜陳如琪
業務部
經理｜楊米琪・主任｜林湲洵・組長｜張毓庭

法律顧問｜海灣國際法律事務所　呂錦峯律師

出版社｜瑞蘭國際有限公司・地址｜台北市大安區安和路一段104號7樓之1
電話｜(02)2700-4625・傳真｜(02)2700-4622・訂購專線｜(02)2700-4625
劃撥帳號｜19914152 瑞蘭國際有限公司・瑞蘭國際網路書城｜www.genki-japan.com.tw

總經銷｜聯合發行股份有限公司・電話｜(02)2917-8022、2917-8042
傳真｜(02)2915-6275、2915-7212・印刷｜科億印刷股份有限公司
出版日期｜2018年08月初版1刷・定價｜360元・ISBN｜978-986-96580-6-5
　　　　　2022年07月二版1刷

五十音字卡（清音）

あ	い	う	え	お
か	き	く	け	こ
さ	し	す	せ	そ
た	ち	つ	て	と
な	に	ぬ	ね	の

五十音字卡（清音）

o	e	u	i	a
ko	ke	ku	ki	ka
so	se	su	shi	sa
to	te	tsu	chi	ta
no	ne	nu	ni	na

五十音字卡（清音）

は	ひ	ふ	へ	ほ
ま	み	む	め	も
や		ゆ		よ
ら	り	る	れ	ろ
わ				を
ん				

五十音字卡（清音）

ho	he	fu	hi	ha
mo	me	mu	mi	ma
yo		yu		ya
ro	re	ru	ri	ra
wo				wa
				n

五十音字卡（濁音、半濁音）

が	ぎ	ぐ	げ	ご
ざ	じ	ず	ぜ	ぞ
だ	ぢ	づ	で	ど
ば	び	ぶ	べ	ぼ
ぱ	ぴ	ぷ	ぺ	ぽ

五十音字卡（濁音、半濁音）

go	ge	gu	gi	ga
zo	ze	zu	ji	za
do	de	zu	ji	da
bo	be	bu	bi	ba
po	pe	pu	pi	pa

五十音字卡（拗音）

きゃ		きゅ		きょ
しゃ		しゅ		しょ
ちゃ		ちゅ		ちょ
にゃ		にゅ		にょ
ひゃ		ひゅ		ひょ
みゃ		みゅ		みょ

五十音字卡（拗音）

kyo	kyu	kya
sho	shu	sha
cho	chu	cha
nyo	nyu	nya
hyo	hyu	hya
myo	myu	mya

五十音字卡（拗音）

りゃ	りゅ	りょ
ぎゃ	ぎゅ	ぎょ
じゃ	じゅ	じょ
びゃ	びゅ	びょ
ぴゃ	ぴゅ	ぴょ

五十音字卡（拗音）

ryo	ryu	rya
gyo	gyu	gya
jo	ju	ja
byo	byu	bya
pyo	pyu	pya

英文字母卡

A	B	C	D	E
F	G	H	I	J
K	L	M	N	O
P	Q	R	S	T
U	V	W	X	Y
Z				

英文字母卡

E　　D　　C　　B　　A

J　　I　　H　　G　　F

O　　N　　M　　L　　K

T　　S　　R　　Q　　P

Y　　X　　W　　V　　U

Z

Unit 6「やってみよう」 活動三：「買東西：日圓硬幣」

培養口說能力的日語教科書

こんにちは
你好 **1** 練習冊

國中小學
高中職　　適用的第二外語教材
社區大學

東吳大學日文系
陳淑娟教授　著

給同學們的話

親愛的同學們：

　　歡迎來到日語教室！會說日語，能交個日本朋友，自己能用日語上網，是不是很酷呢？對的！這就是我們共同的目標！啟用這本新書，好好跟著老師學習，並在教室中與同學們一起用日語進行各式各樣的活動，那麼一個學期就可以達成目標了！

　　首先，請仔細瞧瞧，每一課都有「學習目標」與「自我評量」，上課前同學們先看看「學習目標」，就知道這一課到底要學什麼了。而上完了一課，大家要誠實地做做「自我評量」喔，也就是為自己打個分數，累積越多5顆星（滿分），那麼你就能越快達成目標了！萬一，有些項目未達5顆星，沒關係，可以自己再練習，或課後找同伴互動練習，直到滿分為止。

　　在這一冊裡，我們將學會用日語打招呼、日本姊妹校來訪時能自我介紹、能用簡單的日語說我喜歡的食物和我的興趣，而且能數數字、買東西詢問多少錢、用日語說時間、問不同時差國家的朋友現在幾點鐘、能用簡單日語表達自己的感覺等。

　　但是，同學們在課堂中一定要跟著做各種互動的遊戲活動，才能越說越熟練。而且如果每天聽音檔跟著唸，發音就能跟日本人一模一樣了；寫作業時，一邊寫一邊唸出聲音來，也能很快就記住50音了，相信半年後，你就是一個日語高手，同學們！加油囉！

 敬言

2018.07.23.

目次

Unit 1 カナと発音

はつおん

書いてみよう
か

請書寫平假名。

あ	あ			か	か		
い	い			き	き		
う	う			く	く		
え	え			け	け		
お	お			こ	こ		

さ さ | さ | | |
し し | し | | |
す す | す | | |
せ せ | せ | | |
そ そ | そ | | |

た た | た | | |
ち ち | ち | | |
つ つ | つ | | |
て て | て | | |
と と | と | | |

な な | な | | |
に に | に | | |
ぬ ぬ | ぬ | | |
ね ね | ね | | |
の の | の | | |

は は | は | | |
ひ ひ | ひ | | |
ふ ふ | ふ | | |
へ へ | へ | | |
ほ ほ | ほ | | |

ま	ま			ら	ら		
み	み			り	り		
む	む			る	る		
め	め			れ	れ		
も	も			ろ	ろ		
や	や			わ	わ		
ゆ	ゆ			を	を		
よ	よ						
				ん	ん		

が　が　□　□　　だ　だ　□　□

き　ぎ　□　□　　ち　ぢ　□　□

ぐ　ぐ　□　□　　づ　づ　□　□

げ　げ　□　□　　て　で　□　□

ご　ご　□　□　　ど　ど　□　□

ざ　ざ　□　□　　ば　ば　□　□

じ　じ　□　□　　ぴ　び　□　□

ず　ず　□　□　　ぶ　ぶ　□　□

ぜ　ぜ　□　□　　べ　べ　□　□

ぞ　ぞ　□　□　　ぼ　ぼ　□　□

ぱ	ぱ		
ぴ	ぴ		
ぷ	ぷ		
ぺ	ぺ		
ぽ	ぽ		

Unit 2 あいさつ

書_かいてみよう

試著寫打招呼用語。

こ	ん	に	ち	は
こ	ん	に	ち	は

お	は	よ	う
お	は	よ	う

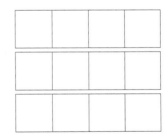

こ	ん	ば	ん	は
こ	ん	ば	ん	は

あ	り	が	と	う
あ	り	が	と	う

す	み	ま	せ	ん
す	み	ま	せ	ん

さ	よ	う	な	ら
さ	よ	う	な	ら

は	い
は	い

い	い	え
い	い	え

か	ん	しゃ
か	ん	しゃ

あ	や	ま	り
あ	や	ま	り

わ	か	れ
わ	か	れ

じ こ しょうかい
自己紹介

か
書いてみよう

請寫出自己的名字以及 5 位同學的日文名字。

中文名字	日文名字
曉玉	
①	
②	
③	
④	
⑤	

書_かいてみよう

試著寫自我介紹時的用語。

ち	ん	で	す
ち	ん	で	す

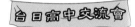

ど	う	ぞ	よ	ろ	し	く
ど	う	ぞ	よ	ろ	し	く

お	ね	が	い	し	ま	す
お	ね	が	い	し	ま	す

は	じ	め	ま	し	て
は	じ	め	ま	し	て

さ	く	ら	と	よ	ん	で	く	だ	さ	い
さ	く	ら	と	よ	ん	で	く	だ	さ	い

あ	の	ー
あ	の	ー

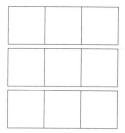

お	な	ま	え	は
お	な	ま	え	は

Unit
4

た　　もの
食べ物

か
書いてみよう

請書寫片假名。

ア	ア			カ	カ		
イ	イ			キ	キ		
ウ	ウ			ク	ク		
エ	エ			ケ	ケ		
オ	オ			コ	コ		

	サ				ナ		
シ	シ			ニ	ニ		
ス	ス			ヌ	ヌ		
セ	セ			ネ	ネ		
ソ	ソ			ノ	ノ		

タ	タ			ハ	ハ		
チ	チ			ヒ	ヒ		
ツ	ツ			フ	フ		
テ	テ			ヘ	ヘ		
ト	ト			ホ	ホ		

マ マ ☐ ☐　ラ ラ ☐ ☐

ミ ミ ☐ ☐　リ リ ☐ ☐

ム ム ☐ ☐　ル ル ☐ ☐

メ メ ☐ ☐　レ レ ☐ ☐

モ モ ☐ ☐　ロ ロ ☐ ☐

ヤ ヤ ☐ ☐　ワ ワ ☐ ☐

ユ ユ ☐ ☐　ヲ ヲ ☐ ☐

ヨ ヨ ☐ ☐

ン ン ☐ ☐

ガ	ガ			ダ	ダ		
ギ	ギ			ヂ	ヂ		
グ	グ			ヅ	ヅ		
ゲ	ゲ			デ	デ		
ゴ	ゴ			ド	ド		
ザ	ザ			バ	バ		
ジ	ジ			ビ	ビ		
ズ	ズ			ブ	ブ		
ゼ	ゼ			ベ	ベ		
ゾ	ゾ			ボ	ボ		

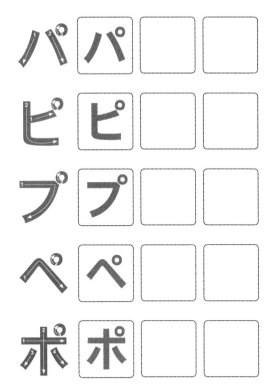

<ruby>書<rt>か</rt></ruby>いてみよう

ラ	ー	メ	ン
ラ	ー	メ	ン

ハ	ン	バ	ー	ガ	ー
ハ	ン	バ	ー	ガ	ー

サ	ン	ド	イ	ッ	チ
サ	ン	ド	イ	ッ	チ

ア	イ	ス	ク	リ	ー	ム
ア	イ	ス	ク	リ	ー	ム

チ	ョ	コ	レ	ー	ト
チ	ョ	コ	レ	ー	ト

コ	ー	ラ
コ	ー	ラ

ミ	ル	ク	ティ	ィ	ー
ミ	ル	ク	ティ	ィ	ー

カ	レ	ー
カ	レ	ー

パ	ン
パ	ン

ポ	テ	ト
ポ	テ	ト

す	し
す	し

か	つ	ど	ん
か	つ	ど	ん

う	ど	ん
う	ど	ん

そ	ば
そ	ば

ま	っ	ち	ゃ
ま	っ	ち	ゃ

り	ん	ご
り	ん	ご

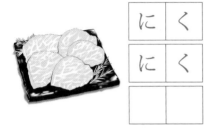

や	さ	い
や	さ	い

に	く
に	く

ラ	ー	メ	ン	が	す	き	で	す
ラ	ー	メ	ン	が	す	き	で	す

す	し	が	だ	い	す	き	で	す
す	し	が	だ	い	す	き	で	す

か	つ	ど	ん	が	す	き	じ	ゃ	な	い	で	す
か	つ	ど	ん	が	す	き	じ	ゃ	な	い	で	す

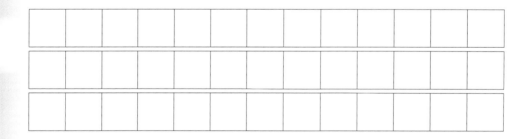

ま	あ	ま	あ				
ま	あ	ま	あ				

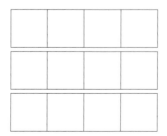

Unit 5 趣味

しゅみ

書いてみよう

か

ア	ニ	メ
ア	ニ	メ

マ	ン	ガ
マ	ン	ガ

ゲ	ー	ム
ゲ	ー	ム

イ	ン	タ	ー	ネ	ッ	ト
イ	ン	タ	ー	ネ	ッ	ト

ダ	ン	ス
ダ	ン	ス

ド	ラ	マ
ド	ラ	マ

カ	ラ	オ	ケ
カ	ラ	オ	ケ

バ	ス	ケ
バ	ス	ケ

イ	ラ	ス	ト
イ	ラ	ス	ト

え	い	が
え	い	が

う	た
う	た

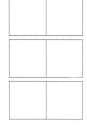

ほ	ん
ほ	ん

や	き	ゅ	う
や	き	ゅ	う

す	い	え	い
す	い	え	い

あ	そ	ぶ	こ	と
あ	そ	ぶ	こ	と

いくらですか

 書いてみよう

た	か	い
た	か	い

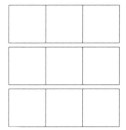

や	す	い
や	す	い

か	わ	い	い
か	わ	い	い

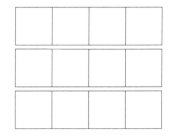

か	っ	こ	い	い
か	っ	こ	い	い

す	う	じ
す	う	じ

い	ち
い	ち

に
に

さ	ん
さ	ん

よ	ん	・	し	・	よ
よ	ん	・	し	・	よ

| ご |
| ご |
| |

| |
| |
| |

ろ	く
ろ	く

な	な	・	し	ち
な	な	・	し	ち

は	ち
は	ち

き	ゅ	う	・	く
き	ゅ	う	・	く

じ	ゅ	う
じ	ゅ	う

ひ	ゃ	く
ひ	ゃ	く

せ	ん
せ	ん

い	ち	ま	ん
い	ち	ま	ん

え	ん
え	ん

げ	ん
げ	ん

む	り	ょ	う

む	り	ょ	う

パ	イ	ナ	ッ	プ	ル	ケ	ー	キ

パ	イ	ナ	ッ	プ	ル	ケ	ー	キ

こ	れ	は	い	く	ら	で	す	か

こ	れ	は	い	く	ら	で	す	か

Unit 7 何時ですか

書いてみよう

た	い	わ	ん
た	い	わ	ん

に	ほ	ん
に	ほ	ん

か	ん	こ	く
か	ん	こ	く

ド	イ	ツ
ド	イ	ツ

フ	ラ	ン	ス
フ	ラ	ン	ス

ア	メ	リ	カ
ア	メ	リ	カ

ニ	ュ	ー	ヨ	ー	ク
ニ	ュ	ー	ヨ	ー	ク

カ	ナ	ダ
カ	ナ	ダ

シ	ン	ガ	ポ	ー	ル
シ	ン	ガ	ポ	ー	ル

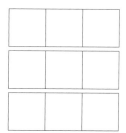

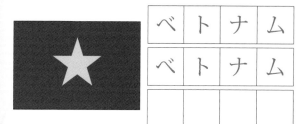

ベ	ト	ナ	ム
ベ	ト	ナ	ム

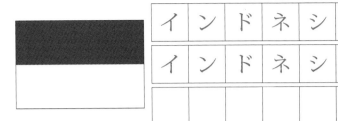

イ	ン	ド	ネ	シ	ア
イ	ン	ド	ネ	シ	ア

オ	ー	ス	ト	ラ	リ	ア
オ	ー	ス	ト	ラ	リ	ア

タ	イ
タ	イ

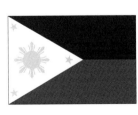

フ	ィ	リ	ピ	ン
フ	ィ	リ	ピ	ン

イ	ギ	リ	ス
イ	ギ	リ	ス

は	ん
は	ん

し	ち	じ
し	ち	じ

く	じ
く	じ

ご	ぜ	ん
ご	ぜ	ん

ご	ご
ご	ご

な	ん	じ	で	す	か
な	ん	じ	で	す	か

Unit 8 どうですか

<ruby>書<rt>か</rt></ruby>いてみよう

お	い	し	い
お	い	し	い

う	ま	い
う	ま	い

き	れ	い
き	れ	い

す	て	き
す	て	き

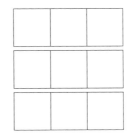

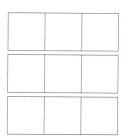

す	ご	い
す	ご	い

お	お	き	い
お	お	き	い

ち	い	さ	い
ち	い	さ	い

た	か	い
た	か	い

ひ	く	い
ひ	く	い

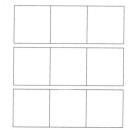

こ	わ	い
こ	わ	い

お	も	し	ろ	い
お	も	し	ろ	い

つ	ま	ら	な	い
つ	ま	ら	な	い

ど	う	で	す	か
ど	う	で	す	か

Note

Unit 6「やってみよう」　活動三：「買東西：日圓硬幣」